AF349889

VENTE APRÈS DÉCÈS
De M. le VICOMTE de PULLIGNY

EN

SON CHATEAU DU CHESNAY-HAGUEST
Par Écos (Eure), Station de Vernon

Les Dimanche 26, Lundi 27 et Mardi 28 Novembre 1893

A MIDI PRÉCIS

IMPORTANT
MOBILIER ARTISTIQUE

ÉPOQUES ET STYLES

DES XVᵉ, XVIᵉ ET XVIIᵉ SIÈCLES

OBJETS DE CURIOSITÉ

VOITURES DE LUXE

Harnais, Barques
Plantes de serre et d'appartement

EXPOSITION PUBLIQUE

LE SAMEDI 25 NOVEMBRE 1893

DE 10 HEURES DU MATIN A 4 HEURES DU SOIR

et le matin avant les vacations

Mᵉ L. SARAZIN	M. A. BLOCHE
FAISANT FONCTIONS	EXPERT PRÈS LA COUR D'APPEL
DE COMMISSAIRE-PRISEUR	25, rue de Châteaudun, 25
à Écos (Eure)	à Paris

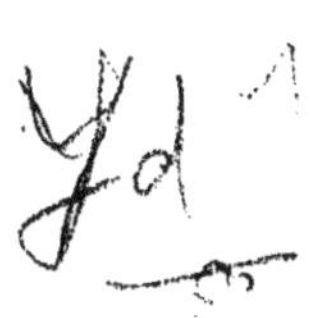

CONDITIONS DE LA VENTE

Elle sera faite expressément au comptant.

Les acquéreurs payeront *dix pour cent* en sus des adjudications, applicables aux frais de la vente.

L'exposition mettant le public à même de se rendre compte de l'état des objets, il ne sera admis aucune réclamation une fois l'adjudication prononcée.

ORDRE DES VACATIONS

Le Dimanche 26 Novembre, à midi

Faïences. — Objets de curiosité. — Cuivres
Étains. — Ferronnerie. — Ivoires. — Émaux
Mobilier ancien et de style. — Tapisserie. —Tableaux

Lundi 27 Novembre

A midi

Mobilier moderne. — Literie. — Objets d'usage.
Voitures de luxe.
Harnais. — Barques. — Plantes.

Mardi 28 Novembre

A midi

Suite du Mobilier. — Objets divers.
Ustensiles d'horticulture, d'écurie, de pêche.

MOYENS DE TRANSPORT

Départ de Paris Gare Saint-Lazare		Arrivée à Vernon.
—	à 8 h. du matin.	à 9 h. 26.
—	à 1 h. de l'après-midi.	à 2 h. 20.
—	à 5 h. 15 —	à 7 h. 03.
—	à 8 h. 50 du soir.	à 10 h. 38.
Départ de Rouen à 7 h. 50 du matin.		à 9 h. 01.

Nota. — A Vernon, chez Ivelin, loueur, on trouvera, soit par dépêche ou en arrivant, des voitures à prix modérés : victorias, coupés, landaus, omnibus de 10 francs à 25 francs aller et retour.

On trouvera à Écos, à 1 kilomètre du château, deux bons hôtels-restaurants des Trois-Couronnes et du Cheval-Rouge.

Paris.—Imp. de l'Art, E. Moreau et Cie, 41, r. de la Victoire.

DÉSIGNATION SOMMAIRE

MEUBLES

Très beaux coffres en bois sculpté, décor
à figures en haut et bas-relief du xvie siècle.
Stalles gothiques. Colonnes de la Renais-
sance. Six grands fauteuils et six tabourets X
bois sculpté, couverts en velours de Gênes
style xve siècle. Important ameublement de
salle à manger : grande table, dressoir, chai-
ses style Henri II couvertes en cuir. Coffres
de mariages gothique fleuronné et bahuts
xve siècle. Sièges de formes variées. Cré-
dences ornées de personnages xvie siècle.

Lit en bois sculpté à colonnes torses Louis XIII. Nombreuses tables du xviie siècle. Lits et sièges du premier Empire. Mobilier moderne courant. Literie. Glaces, etc.

TAPISSERIES ANCIENNES

Deux panneaux à scènes allégoriques aux Aventures de Télémaque. Autres tapisseries à personnages et verdures. Lambrequins. Rideaux du premier Empire. Tentures diverses.

FERRONNERIE

Lustres. Landiers. Pelles et pincettes. Chenets en fer forgé.

CUIVRES. — ÉTAINS. — ARMES.

FAÏENCES

Nombreuse collection de plats, d'assiettes, et de pièces de forme des fabriques italiennes de Pessaro, d'Urbino, Castel-Durante, Castelli, des XVIe et XVIIe siècles. Faïences hispano-arabes. Faïences françaises de Nevers, Rouen, Moustiers, à décors variés en bleu et polychrome (pièces armoriées). Superbe râpe à tabac en vieux Rouen, dessin très fin polychrome.

Terres d'Épernay. Faïences d'Avisseau.
Grand vase en céramique de Jean.
Service de table de Gien (118 pièces).
Émaux de Limoges. Ivoires.
Vitraux. Fers. Sculptures sur pierre et sur bois.
Objets de curiosité.
Jolie bride de coricolo décorée de
peintures paysages.
Canon en bronze. Têtes de cerfs et de sangliers
naturalisées. Bronzes d'ameublement.

TABLEAUX. — PANNEAUX DÉCORATIFS.

AQUARELLES.

Orfèvrerie. Argenture. Service de table en verrerie. Nombreuse batterie de cuisine en cuivre et en fer-blanc.

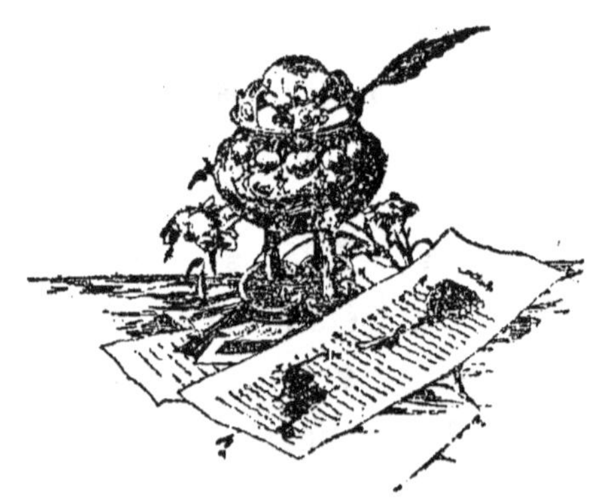

VOITURES DE LUXE

Coupé trois-quarts de Belvalette. Victoria de Belvalette. Grand panier vis-à-vis de Belvalette. Tilbury. Traîneau. Voitures de ferme. Charrettes, etc.

Harnais doubles et simples.

Quatre barques à deux rameurs. Ustensiles de pêche. Instruments d'horticulture, de buanderie et d'écurie. Bois de chauffage. Objets divers. Plantes.

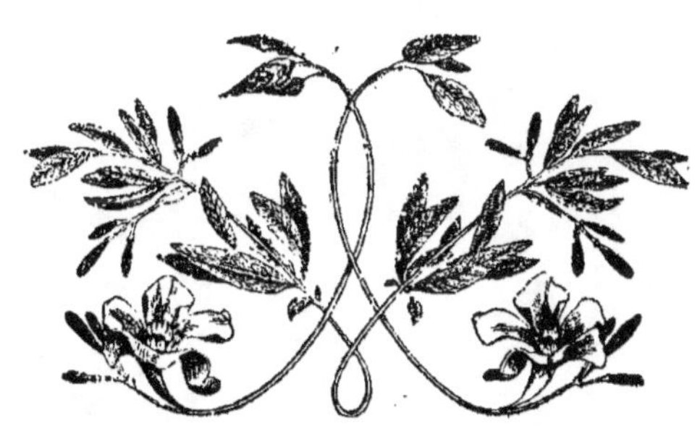

www.ingramcontent.com/pod-product-compliance
Lightning Source LLC
LaVergne TN
LVHW010922180726
843502LV00010B/4254